AF288287

Ramana Maharshi

Die Quintessenz der spirituellen Unterweisung (Upadesa Saram)

aus dem Sanskrit ins Englische übersetzt
und kommentiert

von

Miles Wright

herausgegeben und ins Deutsche übertragen
von

Gabriele Ebert

© 2026 Ramana Maharshi
3., leicht überarb. Aufl., 2026
Ramana Maharshi: Essence of Instruction – the Pine Forest Revisited
(Upadesa Saram), BoD, 2. Aufl., Norderstedt 2014
Verlag: BoD · Books on Demand GmbH, Überseering 33, 22297
Hamburg, bod@bod.de
Druck: Libri Plureos GmbH, Friedensallee 273, 22763 Hamburg
ISBN: 978-3-8370-0760-2

Inhaltsverzeichnis

Vorwort

Es gibt eine alte Legende, die von *Rishis* (Weisen) erzählt, die in einem Pinienwald zusammen mit ihren Frauen lebten. Sie verließen sich ganz auf ihre rituellen Praktiken, wie es das Karma Kanda, das ein Teil der *Veden* bildet, vorschreibt. Dadurch erlangten sie übernatürliche Kräfte und erhofften sich die Befreiung. Doch in Wahrheit dienten ihre Praktiken vielmehr dazu, die Aufgeblasenheit ihres Egos noch mehr zu steigern. Da machte sie *Shiva* auf ihren gewaltigen Irrtum aufmerksam, indem er ihnen eine schmerzliche Lektion erteilte. Nachdem sie demütig geworden waren, belehrte er sie voller Erbarmen über das, was wirklich nötig ist, um den natürlichen Zustand des eigenen Selbst zu erlangen.

Der Tamil-Poet Muruganar wollte 100 Verse über diese Legende schreiben. Er brachte aber nur 70 Verse zustande und bat Bhagavan Sri Ramana Maharshi, er möge den Part der Belehrung *Shivas* übernehmen. Sri Ramana schrieb daraufhin die fehlenden 30 Verse in Tamil (›Upadesa Undiyar‹), die er später als ›Upadesa Saram‹ (wörtl.: ›Nektar/Quintessenz der Unterweisung‹) ins Sanskrit übersetzte.

Die 30 Verse bilden die Quintessenz von Sri Ramanas Lehre und sind vom Stellenwert her den alten Upanishaden vergleichbar. Bereits zu Ramanas Lebzeiten wurde ›Upadesa Saram‹ täglich in seiner Anwesenheit in der Halle zusammen mit den *Veden* rezitiert. Dieser Brauch besteht im Ramanashram bis heute.

Miles Wright hat diese 30 Verse neu aus dem Sanskrit ins Englische übersetzt und kommentiert.

Besonderer Dank geht an Suri Suryanarayan für die Übersetzung von Muruganars sechs Einleitungsversen aus dem Tamil.

Es bleibt noch anzumerken, dass sämtliche Sanskritbegriffe in kursiver Schrift im Glossar erklärt sind. Die zitierten Sanskrittexte sind in der Regel eigene Übersetzungen von Miles Wright.

Weiterführende Literatur findet sich in der Bibliografie am Ende des Buches.

Gabriele Ebert

Einleitung zu Upadesa Saram: Sechs Verse von Muruganar

1. Die *Rishis* [Weisen], die im Daruka-Wald (Pinienwald) *tapas* übten, kamen durch ihr rituelles Handeln (*purva karma)* vom rechten Weg ab.

2. Von Unwissenheit und von falschem Stolz durchdrungen, glaubten sie, dass es keinen anderen Gott außer dem Handeln (*karma*) gäbe.

Im Herzenslotus eines jeden Einzelnen tanzt Bhagavan den ewigen Tanz des Selbst. Dies ist im Wesentlichen der Rhythmus der Existenz und wird als *sphurana* ›Ich-Ich‹ oder als Sein empfunden. Manchmal verlieren wir diese einfache Tatsache aus dem Blick. Wenn das geschieht, taucht die Illusion eines freien Willens auf und ergreift von uns Besitz. Selbst die großen *Rishis*, die im Daruka-Wald (Pinienwald) lebten, waren nicht frei von der Illusion der Unabhängigkeit. Obwohl sie mit dem Karma Kanda (dem rituellen Teil der *Veden*, der von den heiligen Riten u. ä. handelt) sehr vertraut waren und die vedischen Rituale und Zeremonien mit Intensität ausübten, hatte sich ihr Ego sehr gesteigert. Tatsächlich wirkten die Rituale kontraproduktiv, da sie lediglich das große Feuer des Stolzes nährten, das die *Rishis* in ihre egozentrischen Fähigkeiten setzten. Sie waren süchtig nach diesen Handlungen geworden. Was auch immer sie erlangen mochten, beschwor den Wunsch herauf, noch etwas Größeres und Besseres zu erreichen.

Daran hat sich bis heute nichts geändert. Die menschliche Natur ergötzt sich weiterhin an den Schatten, ohne die essenzielle Quelle des Lichtes wahrzunehmen.

3. Als sie bemerkten, welche Auswirkungen es hatte, Gott, den Schöpfer (*karta*), der die Früchte alles Tuns (*karma*) bestimmt, zu missbrauchen,[1] verließ sie ihre Überheblichkeit.

Der Herr *Shiva* hatte die falsche Auffassung der *Rishis* beobachtet. Um ihnen klarzumachen, dass rituelles Handeln (*karma*) kein Mittel zum Zweck war, erschien er ihnen in ihrer Waldeinsiedelei in der Gestalt eines Bettelmönchs. Er wurde von *Vishnu* begleitet, der auf seine Bitte hin die Gestalt eines schönen Mädchens namens Mohini angenommen hatte.

Das getarnte Paar, Bettelmönch und schönes Mädchen, wanderte zur geschäftigen Einsiedelei. Die *Rishis* waren verheiratet und lebten mit ihren Frauen zusammen. Als die Frauen der *Rishis* den Wandermönch *Shiva* sahen, verliebten sie sich auf der Stelle in Ihn. Die Herzen der Frauen waren von Ihm gefangen, und sie hatten ihre Männer vergessen. Sobald die *Rishis* Mohini sahen, wurden sie völlig von Ihr betört. Wohin Sie auch ging, folgten sie Ihr, unfähig, ihre Sinne zu kontrollieren. Trotz ihres intensiven *tapas* im Wald wurde das Gemüt der *Rishis* von Leidenschaft überwältigt, und bald darauf gesellte sich noch ein erbitterter Ärger hinzu, als sie den Zustand ihrer Frauen bemerkten. Sie schworen, ihren Ärger an dem Bettelmönch auszulassen, indem sie alle Kräfte, über die sie verfügten, gegen ihn einsetzen wollten. In einer tiefen Grube entfachten sie ein riesiges Opferfeuer und rezitierten alle passenden *Mantren*. In ihrem Stolz glaubten sie, dass sie den unverfrorenen Bettelmönch leicht besiegen könnten. Sie zauberten einen feurigen, menschenfressenden Tiger herbei, den sie auf den Bettelmönch hetzten. Der Bettelmönch aber ergriff ihn und wand ihn sich um die Taille. Da beschworen sie einen bösartigen Elefantenbullen herauf, der den Bettelmönch sofort angriff. Er aber erfasste ihn mit einer Hand und warf ihn sich als Umhang über die Schulter. Dann erschufen sie giftige Schlangen, die der Bettelmönch als Gürtel, Halsketten und Amulette trug.

---

[1] Übers. nach Sri Sadhu Om: Als sie sahen, dass ihre Handlungen unnütz waren …

Sogar ein verzauberter Dreizack glitt auf direktem Weg in die Hand des Bettelmönchs *Shiva*. Eine Waffe nach der anderen verwandelte sich an ihm in ein Schmuckstück.

Da fielen die *Rishis* des Pinienwaldes auf ihre Knie. Physisch und psychisch erschöpft, warfen sie sich flach auf die Erde. Leidenschaft, Ärger, Gier, Anhaftung und Stolz hatten sich völlig gelegt, und sie flehten den Bettelmönch an, ihnen Seine wahre Form zu enthüllen und von einem so großen Weisen belehrt zu werden. Da ihnen ihr Egoismus nicht länger im Wege stand, waren sie endlich offen für die Belehrung, und der Herr *Shiva* offenbarte sich ihnen.

4. Als sie *Shiva* demütig baten, sie zu retten, segnete er sie mit erbarmungsvollen Augen. Dies ist *Shivas* Belehrung (*Upadesa*).

Als die Geschichte an diesem Punkt angekommen war, trat der große Tamil-Dichter Muruganar mit der Bitte an Bhagavan Sri Ramana Maharshi heran, er möge die Lehre erläutern, die der Herr *Shiva* den *Rishis* gegeben hatte. Bhagavan war damit einverstanden und schrieb die Lehre in 30 Versen nieder. Später wurden die Verse ins Telugu, Malayalam und, auf die Bitte des großen Sanskritkundlers Kavyakantha Ganapati Muni hin, auch ins Sanskrit übersetzt. Das vorliegende Werk ist eine Übersetzung der Sanskritverse.

5. Wenn man vom Nektar (*saram*) der Unterweisung (*upadesa*) *Shivas* lebt, verschwinden alle Sorgen, und Freude erfüllt das Herz.

Diese Unterweisung (*upadesa*) ist *Shivas* Lehre. Sie wurde von Ramana Maharshi auf die Bitte seines Devotees Muruganar hin nochmals wiederholt, als er auf dem heiligen Berg Arunachala lebte.

6. Möge deshalb der Nektar (*saram*) dieser Belehrung (*upadesa*) unser Herz erfüllen.

Möge die Glückseligkeit wachsen, und möge sich der Kummer erschöpfen.

Einige Kommentatoren von Upadesa Saram behaupten, die Verse Bhagavan Sri Ramana Maharshis seien zu knapp und wegen ihres ›hintergründigen Stils‹ schwer verständlich. Das ist bestimmt nicht der Fall.

Sämtliche Kommentare sind lediglich Anmerkungen und Beobachtungen, die aus Gesprächen und einer genauen Lektüre heraus entstanden sind und eine Hilfestellung sein können.

Wir sind Sri Muruganar dafür dankbar, dass er den Anstoß für diese Upadesa-Saram-Verse gegeben hat. Sie enthüllen die Essenz des *Vedanta*, wie sie sich durch die direkte, beständig erstrahlende Selbst-Erfahrung des Weisen vom Arunachala offenbart hat.

Höre nun sorgsam auf diese Verse, einen nach dem anderen, und nimm sie langsam und tief in dich auf, als wären sie der süßeste Nektar.

»Licht allen Lichtes, jenseits der Dunkelheit, wird ER genannt. Er ist die wahre Erkenntnis, das zu Erkennende und wird durch Erkenntnis verstanden. Er wohnt im Herzen aller.«[1]

»Das, was die Quelle von allem ist, in dem alles lebt und in das schließlich alles eingeht, ist das Herz, auf das [in Upadesa Saram Vers 10] Bezug genommen wird.«[2]

---

[1] Bhagavad Gita XIII, 17
[2] Mudaliar: Tagebuch, Eintrag vom 29.4.1946

Upadesa Saram

1.

Die Frucht (des Handelns) erhält man nach dem Beschluss des Herrn des Handelns (des Schöpfers). Ist Handeln das Höchste? (Nein!!) Handeln ist ohne eigene Kraft.

Kommentar

Obwohl das Handeln eine Kraft des Selbst ist, ist es in sich selbst empfindungslos, unbeständig und kraftlos. Deshalb kann Handeln weder jetzt noch in Zukunft Früchte schenken. Handeln ist abhängig. Es ist nicht das Höchste. Der *kartr* (Herr des Handelns), auf den in diesem Vers Bezug genommen wird, handelt spontan und aus freien Stücken, ohne vom Ego dazu veranlasst zu werden (d.h. er ist der große Nicht-Handelnde). Es ist der Herr alleine, der als innerstes Selbst in allen wohnt, der alles lenkt und doch nie handelt.

Wenn du glaubst, du seist eine Person, die imstande ist, unabhängig zu handeln, wird die Kette von Ursache und Wirkung in Gang gesetzt, und sie wird zu deiner Wirklichkeit. Als der Handelnde wirst du für die Tat verantwortlich und wirst auch die Früchte dieser Tat ernten. Dieses falsche Verständnis der tatsächlichen Verhältnisse führt zu dem Zustand, in dem sich der Mensch befindet. Rituelles Handeln (als Verehrung zur Beschwichtigung Gottes) ist von dieser Art.

In den ›Talks‹ (Gespräche mit Ramana Maharshi) fragt Yogi Ramiah Sri Ramana nach der Natur des Handelns:

Yogi Ramiah: »Alles Handeln geschieht durch göttliche Energie (*Shakti*). Wie weit reicht *Shakti*? Kann sie etwas ohne unsere eigene Anstrengung bewirken?«

M.: »Die Antwort auf diese Frage hängt davon ab, was man unter dem Menschen (*purusha*) versteht: das Ego oder das Selbst?«

F.: »Der Mensch (*purusha*) ist die Gestalt des Selbst (*svarupa*).«

M.: »Aber als solcher kann er keine Anstrengung (*prayatna*) unternehmen.«

F.: »Es ist das Individuum (*jiva*), das sich bemüht.«

M.: »Solange das individuelle Ich besteht, ist Anstrengung (*prayatna*) nötig. Wenn es zu bestehen aufhört, werden die Handlungen spontan. Das Ego handelt in der Gegenwart des Selbst. Es kann ohne das Selbst überhaupt nicht existieren.

Das Selbst macht durch seine *Shakti* das Universum zu dem, was es ist, und handelt doch nicht selbst. Sri Krishna sagt in der Bhagavad Gita: ›Ich bin nicht der Handelnde, und doch gehen die Handlungen weiter.‹ Im *Mahabharata* wird erzählt, dass Krishna die wundervollsten Taten vollbrachte und doch sagte, Er sei nicht der Handelnde. Es ist wie mit der Sonne und den Taten, die in der Welt geschehen.«

F.: »Er ist ohne Anhaftung (*abhimana*), während der *jiva* verhaftet ist.«

M.: »Ja. Da der *jiva* verhaftet ist, handelt er und erntet auch die Früchte seiner Taten. Entsprechen die Früchte seinem Wunsch, ist er glücklich, tun sie es nicht, fühlt er sich elend. Glück und Elend hängen von seinem Verhaftetsein ab. Würden die Handlungen ohne Anhaftung geschehen, bräuchte man auch keine Früchte zu erwarten.«

F.: »Können Handlungen spontan erfolgen, ohne individuelles Bemühen? Müssen wir nicht unser Essen kochen, um es später verzehren zu können?«

M.: »Das Selbst (*atman*) handelt durch das Ego. Alles Handeln geschieht nur durch Anstrengung. Ein schlaftrunkenes Kind wird von seiner Mutter gefüttert. Das Kind isst, ohne voll wach zu sein, und streitet später ab, gegessen zu haben. Doch die Mutter weiß, was geschehen ist. Ähnlich unwissend handelt auch der Weise (*jnani*). Andere sehen ihn handeln, aber er selbst weiß es nicht. Da Er es so bestimmt, bläst der Wind. Das ist die Ordnung der Dinge. Er bestimmt alles, und das Universum handelt entsprechend, und doch weiß Er es nicht. Deshalb wird er der ›große Täter‹ genannt. Jedes Lebewesen (*ahamkari*) ist durch das Naturgesetz (*niyama*) gebunden. Selbst der Weltenschöpfer Brahma kann es nicht übertreten.«[1]

Eine ergänzende Bemerkung dazu aus dem Brahma Sutra (3.2.37):

»Von Ihm (vom Herrn) stammen die Früchte des Handelns, denn anders ist es nicht möglich.«

---

[1] Talk 467

2.

Die vergängliche Frucht, die den Weg versperrt, ist die Ursache für den (weiteren) Abstieg in den großen Ozean der Handlungen.

Kommentar

Der Handlung, die man unternimmt, um sich ein Bedürfnis zu erfüllen, liegt zweierlei zugrunde: der Wunsch, das zu besitzen, was man nicht hat, und die Angst, das nicht zu bekommen, was man sich wünscht. Beides, das Gewünschte zu erhalten und es nicht zu erhalten, sind gleich bittere Früchte. Daraus entsteht zwangsläufig ein linearer Verlauf. Ob das Gewünschte nun erlangt wird oder nicht, der Abstieg in den großen Ozean der Handlungen wird fortgesetzt. Der Wunsch nach Freude und die Angst vor Schmerz gehen Hand in Hand und enden immer in Gefangenschaft. Wenn du dich an der Freude festhältst, wirst du immer den Schmerz fürchten. Wahres Glück bedeutet keines von beidem – und DAS (*ananda,* das wahre Glück) ist dein wahres Wesen. Wenn man einfach eines von beidem fallenlässt, befreit dies aus der Bande von beidem. Das geschieht, sobald du einsiehst, dass das alles nur ›mindstuff‹[1] ist. Die Vorstellung, dass diese Handlung jene Auswirkung hat, ist ›mindstuff‹.

Die »Dinge«, die du glaubst zu vollbringen, werden nicht von dir getan. Es ist offensichtlich, dass die Dinge geschehen, aber wo bist du? Was ist deine Rolle? Deine Verstrickung ist ›mindstuff‹. Etwas mit dem Wunsch zu tun, ein bestimmtes Ergebnis zu erzielen, ist ›mindstuff‹.

In diesem Vers sagt Sri Ramana, dass genau darin die Behinderung besteht:

---

[1] Das engl. ›mind‹, im Sanskrit ›*manas*‹, wird im Folgenden als ›Geist‹ übersetzt, obwohl die ganze Fülle der Wortbedeutung mit ›Geist‹ nicht getroffen wird. ›Mindstuff‹: Gedankengebilde, Gedankenkonzepte usf. wird belassen.

M.: »Man sollte sich nicht freuen, wenn ein Wunsch in Erfüllung geht, oder darüber enttäuscht sein, wenn es nicht geschieht. Die Freude bei der Erfüllung eines Wunsches ist so trügerisch. Ein Gewinn geht bestimmt wieder verloren. Deshalb muss die Freude sich später in Schmerz verwandeln. Man sollte Gefühlen wie Freude oder Leid keinen Raum geben, komme, was da wolle. Welchen Einfluss haben Ereignisse auf den Menschen? Du wächst nicht, indem du etwas erhältst, noch verkümmerst du, wenn du es verlierst. Du bleibst, was du immer bist.«[1]

Halte dir in Erinnerung: Du bist nicht der Geist (mind) – und trotzdem scheint dieser Geist die Macht zu haben, zu versklaven oder zu befreien.

---

[1] aus Talk 614

3.

**Wunschloses Handeln, das dem Herrn geweiht ist,
reinigt den Geist und führt zur Befreiung.**

Kommentar

Das Ego (*ahamkara*), das aus egoistischem Selbstinteresse heraus handelt, versklavt. Es ist ein armseliger Abglanz echten Selbst-Interesses. Echtes Selbst-Interesse führt zu vollkommenem Frieden. Dagegen schafft der Wunsch nach Gewinn eine Kette geistiger Unruhe, die nicht damit endet, ein Wunschobjekt erhalten zu haben. Nach Erfüllung oder Nicht-Erfüllung des Wunsches und der daraus resultierenden Gefühle von Freude oder Schmerz wird sie fortgeführt vom Wunsch nach einem weiteren Objekt und noch einem und noch einem. Wenn du in dieser Kette der Ereignisse verbleibst, gibt es kein Ende des Wünschens. Wenn du damit weitermachst, außerhalb deiner selbst nach ›Dingen‹ zu trachten mit der Erwartung, sie würden Glückserfüllung bringen, dann wird diese Suche zu einer nie endenden Qual.

Sri Ramana rät stattdessen, den sicheren Kurs des »wunschlosen Handelns, das dem Herrn geweiht ist«, einzuschlagen. Das ist der Weg, geistige Unruhe zu beseitigen und den Geist zu reinigen. Identifiziere dich mit der (allem) zugrunde liegenden Strömung. Gib die falsche Vorstellung auf, dass ›ich‹ handle. Weihe dein Leben Arunachala-Ramana. Das Selbst handelt durch das ›Ich‹. Lass dieses Handeln weitergehen. Es geschieht lediglich aufgrund des *prarabdha*. Es gibt einen Vorrat an Handlungen, der sich selbst erschöpfen wird. Selbst wenn man den Strom abstellt, dreht sich der Ventilator noch eine Zeit lang weiter. Überlasse es Ihm. Der Herr verwaltet alle Früchte des *karmas*. Weihe Ihm all deine Taten, wie immer du Ihn auch nennen magst. Bewahre Ihn immerwährend im Hintergrund. Dann wird das Empfinden »Ich bin der Handelnde« wegfallen

und dafür das Empfinden »Ich bin das Instrument des Herrn«
an seine Stelle treten.

 M.: »Die Handlungen selbst bilden keine Bindung. Die Bindung besteht lediglich in der falschen Vorstellung: ›Ich bin der Handelnde‹. Lass solche Gedanken fahren und den Körper und die Sinne unbehindert durch dein Eingreifen ihre Rolle spielen.«[1]

Wenn das Vergessen des Selbst das Empfinden großer Angst auslöst, dann greift *Atma vichara* (Selbstergründung) ein. Wenn *Atma vichara* bei der ersten Gelegenheit in die abschweifenden Gedanken eingreift, beginnt damit wahre Hingabe.

Mit der Beseitigung von Wünschen wird die Identifizierung mit dem Körper-Geist-Komplex beendet, und das begrenzte individuelle Bewusstsein kehrt naturgemäß zum ewigen Ozean des universalen Bewusstseins zurück. Das Ego mag scheinbar weiterhin handeln, aber Gedanke und Handlung frönen nicht länger individuellen Wünschen, sondern kümmern sich nur um das Notwendige. Wie der kühlende Wind für alle bläst, die in seiner Reichweite sind, so trägt der wahrhaftig handelnde Mensch zum Wohl der Welt bei.

In der Bhagavad Gita findet sich die folgende Beschreibung des Karma-Yogi, eines Menschen, der jede Vorstellung des falschen ›Ichs‹ aufgegeben hat und doch handelt:

 »Zufrieden mit allem, was auch immer kommen mag, ohne Bemühen, frei von den Gegensatzpaaren, frei von Neid und gleich gesinnt in Erfolg und Misserfolg, ist er nicht gebunden, obwohl er handelt.«[2]

---

[1] aus Talk 46
[2] Bhagavad Gita IV,22

4.

Verehrung, *japa* und Meditation werden durch den Körper, die Sprache bzw. den Geist ausgeübt. Dabei ist die nachfolgende Art jeweils die bessere als die zuvor genannte.

Kommentar

In diesem Vers werden drei Arten von verehrendem Handeln erwähnt.

Die Verehrung wird so lange körperlich vollzogen, wie man sich als getrenntes Wesen betrachtet. Zu dieser Haltung des ›Andersseins‹ (als Gott) ist es durch die Überlagerung mit einem individuellen Selbst-Bewusstsein und durch das daraus folgende erdachte Verständnis des Geist-Körper-Komplexes gekommen. Die Verehrung Gottes ist ein Aufruf, zur Einheit zurückzukehren, und ist als solche von großem Wert. Ohne die nötige Sorgfalt kann sie jedoch zum reinen Wunsch nach Gunsterweisungen wie Wohlstand, Besitz, Ruhm, Erleuchtung usf. verkümmern. Diese Art der Verehrung basiert auf Unwissenheit. Der Gottesdienst (*puja*), der auf dieses Niveau der Wünsche herabgesetzt wird, ist lediglich ein Hirngespinst. Wenn die Körperhaltung, die Kleidung, die Dinge, die zur Ausübung der Verehrung benötigt werden, und die erhofften Resultate zum Wichtigsten geworden sind, während das Objekt der Verehrung nur noch den zweiten Platz einnimmt, dann ist die Verehrung zur Farce verkommen. Andererseits wird die Verehrung mit dem alleinigen Zweck, dem Objekt der Verehrung zu gefallen (*Ishta Devata*), ohne etwas als Gegenleistung zu erwarten, zur reinen Verehrung (*upasana*). Diese Verehrung führt unweigerlich zur ununterbrochenen Kontemplation (*nididhyasana*), in der das Gefühl von ›Anderssein‹ völlig abwesend ist.

Besser als körperliche Verehrung ist *japa*. *Japa* beruhigt den Geist, indem er sich an einem einzigen Gedanken festhält. Wenn *japa* gedanklich vollzogen und beständig wird, wird daraus Meditation (*dhyana*). Mit der nötigen Entfaltung von Leidenschaftslosigkeit gegenüber der sichtbaren Welt hat bereits eine einzige Wiederholung des *Mantras* die Kraft der Veränderung (*drsyavilayam*).

> »Wie könnte man die Befreiung erlangen, indem man lediglich das Wort ›*Brahman*‹ ausspricht, ohne das sichtbare (objektive) Universum beseitigt und die Wahrheit über seine eigene Natur erkannt zu haben?«[1]

Besser als *japa* ist Meditation. Meditation beschäftigt den Geist, lenkt ihn und stärkt seine Bereitschaft zur Selbstergründung. Bleibt die Meditation jedoch in einer beschränkten Sichtweise von sich selbst und den anderen oder in Subjekt und Objekt verhaftet, bleibt sie sinnlos und beschäftigt lediglich den Geist, wobei man sich immer noch auf die beständige Existenz des Geistes verlässt. Die Art von Meditation, bei der man zur Durchführung auf festgelegte Zeiten und Orte angewiesen ist, ist ihrer Natur nach polarisierend. Dagegen öffnet die konzentrierte und beständige Meditation der Quelle des ›Ichs‹ (*dhyana*) den Weg zu einem gedankenfreien Bewusstsein. Das kann und sollte den ganzen Tag hindurch fortgeführt werden, in welcher Situation man sich auch immer befinden mag.

---

[1] Vivekachudamani, 63

5.

Der Welt in Achtsamkeit auf den Herrn zu dienen, ist Verehrung des Göttlichen, das die acht Formen trägt (Erde, Wasser, Feuer, Luft, Raum, Sonne, Mond und Lebewesen).

Kommentar

»Der Welt in Achtsamkeit auf den Herrn zu dienen« – hier ist die Verehrung als reine Verehrung (*upasana*) beschrieben, im Gegensatz zu einer rein äußerlichen Zurschaustellung der Verehrung. Dies ist Verehrung schlechthin, frei von begrifflicher Auffächerung und frei von jedem Wunsch nach Belohnung.

Der Herr ist alles, und alles ist der Herr. Die Menschen betrachten normalerweise die ›Dinge‹ als etwas Äußerliches und von sich selbst Verschiedenes. Stattdessen erkenne, dass dies Einbildung, Illusion, ›mindstuff‹ ist. Diese Welt, hier und jetzt, ist die eine Wirklichkeit, das Selbst. Es gibt nichts anderes als das. Das solltest du unter allen Umständen im gegenwärtigen Augenblick erkennen. Diese Art der Verehrung ist immerwährende Verehrung. Das bedeutet, die Realität zu sehen. *Brahman* verehrt *Brahman* durch *Brahman*. Wenn die Dinge nur ein einziges Mal so gesehen werden, wie sie wirklich sind, wird das Falsche nicht länger für die Wirklichkeit gehalten. Sri Ramana lehrt uns, das Selbst in allem und alles im Selbst zu sehen.

Es geht nicht darum, dass du deine Formen der Verehrung aufgeben musst, sondern vielmehr darum, dass du dich der Wahrheit öffnest, wie sie uns von den großen Weisen wie Sri Ramana dargelegt wurde. Dein *sadhana* unter dem falschen Vorwand aufzugeben, du seist bereits zum *jnani* geworden, bringt dir bestimmt keinen Nutzen. Solange du glaubst, der Handelnde zu sein und dass die ›Dinge‹ wirklich sind, solange sind Gebet und Verehrung nötig. Wenn du die Haltung eines *jnani* einnimmst, ohne das Herz eines solchen zu haben, werden deine Worte und Handlungen zu einem Gräuel. Erweitere deine Verehrung. Halte deinen Geist immer in einer verehrenden Haltung. Wenn der Geist abdriftet, ziehe ihn sanft zurück. Alle Dinge sind im Selbst, vom Selbst abhängig. Ohne das Selbst gibt es nichts. Sein an sich ist schon Verehrung. Sri Ramana sagt: »Wenn du in deinem Geist Gott als alles, was dich umgibt, bewahrst, wird dies zur Meditation (*dhyana*).«

»Alle zu lieben, ist die wahre Gottesliebe,
und allen zu dienen, ist der wahre Gottesdienst.«
(Swami Ramdas)

6.

**Geistige Meditation durch *japa* ist besser als die
schönsten Hymnen,
ob sie nun laut oder leise gesungen werden.**

Kommentar

Hier wird wahres *japa* beschrieben.

Papageienhafte Wiederholung einiger heiliger Worte ohne die
gebührende Meditation ist nicht sehr effektiv (obwohl auch sie
einen begrenzten Wert hat). Die endlose Wiederholung vedi-
scher Hymnen (oder anderer heiliger Schriften) ohne Aufmerksamkeit und die nötige Meditation mag zwar zur persönlichen
Anerkennung führen und dem Ego des Vortragenden Auftrieb
geben, kann aber niemals zur Befreiung verhelfen, selbst dann
nicht, wenn die Hymnen noch so kunstvoll vorgetragen werden. Sprache, sei sie im Geist oder ausgesprochen, ist völlig von
Gedanken abhängig. Wenn man die Aufmerksamkeit nicht auf
die Quelle der Gedanken (*pasyanti*) und auf den Denker rich-
tet, worin liegt dann der Sinn? Wie könnte andererseits ein
einziges Wort, das in völligem Verständnis seiner einzigen
Quelle gesagt wird, selbst wenn es falsch ausgesprochen wird
(*apabrahmsa*), nicht die Kraft haben, das allgegenwärtige *Sabdabrahman* (das eine unmanifeste Wort) zu enthüllen?

Wie sollte es möglich sein, Befreiung zu erlangen, indem man
einfach das Wort ›Gott‹ ausspricht, wenn man nicht zugleich
die Essenz seines eigenen Selbst zu erkennen sucht und
dadurch die Vorstellungswelt beseitigt? Jene, die meinen, das
sei möglich, halten sich ewig zum Narren. Du kannst nicht König werden, indem du einfach feststellst: »Ich bin der König!«
Du musst hinausgehen und deine Feinde besiegen, bevor du
das Land in Besitz nehmen kannst. Deine Feinde sind die Ge-
danken-Dämonen, die deine Geisteskraft vergeuden. Beseitige
sie! Dann kann ein einziges Wort dich in das Herzzentrum zie-
hen.

Zu jeder Zeit und unter allen Umständen solltest du den Namen Gottes aussprechen – aber tu es mit Sorgfalt und mit voller Aufmerksamkeit, mit Besinnung und mit der erforderlichen Meditation. Entwickle statt der geistesabwesenden Wiederholung eine geistesgegenwärtige Haltung. Der reine Name Gottes sollte dein Sein werden. Sprache kommt vom Selbst. Sprache ist das Selbst. Sprache kehrt zum Selbst zurück. Beobachte, wie sie kommt. Beobachte, wie sie geht. Dort ist die Quelle. Verweile dort. Dies ist die Praxis des *Sabdapurvayoga*.

Wenn dies eine beständige Praxis wird, dann werden *upasana* und *dhyana* beständig.

7.

Wie flüssige Butter und wie ein Strom beständig fließen, so ist eine ununterbrochene, wahre Meditation einer Meditation mit Unterbrechungen überlegen.

Kommentar

Hier wird die wahre Meditation beschrieben.

Wie flüssige Butter (Ghee), die ausgegossen wird, in einem gleichmäßigen, bedachten und beständigen Strom fließt, so sollte die Meditation gleichmäßig, bedacht und ununterbrochen sein. Wie das reine Wasser, ohne Rücksicht auf den Boden, immer seinen Weg zurück zu seiner Quelle findet, so sollte das Meditieren in einem ununterbrochenen Strom fließen, mit dem einzigen Ziel, zur Quelle zurückzukehren, während es alle Hindernisse auf dem Weg überwindet.

> Sri Ramana hat erklärt: »Meditation ist richtig verstanden *Atmanishtha* (das Verweilen im Selbst). Aber wenn Gedanken den Geist kreuzen und man sich bemüht, sie zu beseitigen, dann wird dieses Bemühen normalerweise als Meditation bezeichnet. *Atmanishtha* ist deine wahre Natur. Bleibe, wie du bist. Das ist das Ziel.«[1]

Wenn man in dieser bedachtsamen Meditation (*dhyana*) fest gegründet ist, wird sie zur natürlichen Vorliebe für den Geist. Dann fließt der Geist, wie das Wasser, stets bereitwillig zu seiner Quelle zurück. Der Geist ist dann wie ein reiner Bergquell, der fortwährend seiner Quelle (seinem Ziel) zueilt.

(Vgl. dazu auch Sri Bhagavans Erklärung in Vers 13.)

---

[1] aus Talk 294

8.

**Besser als eine Meditation, die eine Unterscheidung
[zwischen *jiva* und *Brahman*] begünstigt,
ist die Meditation von ›soham‹ (›Ich bin Er‹),
die Nicht-Unterscheidung bewirkt.
Dies gilt als reinigend.**

Kommentar

Der Geist ist an die wahrgenommene Welt gebunden und hält seine unabhängige Existenz aufrecht, indem er in Wirklichkeit denkt: »Ich bin nicht *Brahman*«. Der nach außen gehende Geist verehrt Gott als von sich selbst verschieden und hält weiterhin an seiner separaten Identität fest, selbst wenn er meditiert. Er ist nur deshalb damit zufrieden, während der Meditation nachzugeben, da er sich das sichere Wissen bewahrt, dass er seine Unabhängigkeit zurückgewinnen wird, sobald er die Meditation als eine Aufgabe beendet hat. (Die Meditation ist hier ein Bereich des Tätigkeits-Arsenals des Egos). Man muss diese Unzulänglichkeit beseitigen und zu dem richtigen Verständnis gelangen, das weder Theorie noch Spekulation ist, ohne im konzeptionellen Denken Zuflucht zu suchen. Auf diesem Weg kommt es zum Verständnis, dass wir die Welt und die Welt wir sind. In einem vorangegangenen Vers hat Sri Ramana erklärt: »Der Welt in Achtsamkeit auf den Herrn zu dienen, ist Verehrung des Göttlichen.« Hier wird ein weiterer Anhaltspunkt dafür gegeben, wie das erreicht werden kann. Meditation von ›soham‹ (›Ich bin Er‹) bewirkt die Erkenntnis, dass das Selbst jeder von uns ist und jeder von uns das Selbst.

Vergleiche dazu die vier großen Lehrsätze (*Mahavakyas)* aus den *Upanishaden*:

1. »Bewusstsein ist *Brahman*« *(prajnanam Brahma)* aus der Aitareya Upanishad enthüllt die Natur des Selbst.

2. »Ich bin *Brahman*« (*aham brahmasmi*) ist in der Brihadar-anyaka Upanishad zu finden und enthüllt die Quelle der Suche.

3. »Das bist Du« (*tat tvam asi*) steht in der Chandogya Upa-nishad. Dies ist die Aussage, die Guru Ramana fortwährend wiederholt.

4. »Dieser *Atman* ist *Brahman*« (*ayam Atma brahma*) ist in der Mandukya Upanishad enthalten und identifiziert unser wahres Sein mit *Brahman*.

9.

Aus der Kraft der Meditation erwächst höchste Hingabe. Sie ist ein hervorragender Seinszustand, der frei von Erscheinungsformen ist.

Kommentar

Diese einzige Wirklichkeit (das Selbst) ist frei von allen Erscheinungen und ohne Unterschiede. Sie ist Sein ohne Anfang und Ende, überall, unendlich und ewig. Sie liegt allen Formen, allen Veränderungen, allen Kräften, aller Materie und allem Geist zugrunde. Dies ist der Zustand des Seins.

Höchstes *bhakti* wird durch die Kraft der Meditation belebt, die dadurch ermöglicht wird, wenn der Meditierende und das Objekt der Meditation nicht unterschieden werden (wie in der Meditation ›Ich bin Er‹). Dieses *bhakti* ist von *Atma vichara* (der Selbstergründung) nicht verschieden. Das Selbst der *Advaitins* ist zweifelsohne der Gott der *bhaktas,* wie Ramana Maharshi sagt.

Im *Naradabhaktisutrani* stimmt *Narada* dem zu, wenn er erklärt: »Dies (die höchste Verehrung) folgt, wenn man die sichtbare Welt zurückweist (die Trennung, die die ›Dinge‹ als Objekte des Egos bewertet) und jede Anhaftung an Objekte völlig aufgibt.« (Sutra 35)

Dieses *bhakti* ist dasselbe wie Selbstverwirklichung. Sie ist wunschlose Hingabe. Sie trägt ihre Frucht in sich selbst, d.h., Weg und Ziel sind ein und dasselbe.

10.

Die Tat (*kriya*), in seinem natürlichen Zustand zu verweilen, den Geist im Herzen fest gegründet, ist zweifelsohne Hingabe, Yoga und Wissen.

Kommentar

Hier bezieht sich *kriya* (das Handeln) auf die eine, wirklich anhaltende, absichtslose, verdienstvolle ›Tat‹ (*kriyayoga*). Dies ist ewiges Sein, das Selbst. Wenn der Geist diesen Ort, d.h. seinen Geburtsort, findet (*dhyana*), ist damit der Höhepunkt von *karma*, *bhakti*, Yoga und *jnana* erreicht. Für den gereinigten Geist nimmt dies die Form einer fortwährenden Erinnerung an, die auch *nididhyasana* genannt wird. Dies ist die Verwirklichung des eigenen natürlichen Zustands. Sri Bhagavan erklärt, indem er sich auf diesen Vers bezieht: »**Das ist die ganze Wahrheit in einer Nussschale.**«[1]

In der Praxis mag dies folgende Formen annehmen:

— Täglich auf die leise Stimme des Selbst zu achten, indem man den Geist durch Selbstergründung zurückzieht. (Die Vibration ›Ich-Ich-Ich‹ macht sich manchmal sogar körperlich auf der rechten Seite der Brust bemerkbar.)

— Die Beseitigung der Trennung (*viyoga*) durch selbstloses Tun, ohne sich die Früchte davon zu wünschen.

— Indem man sich an Sri Bhagavan erinnert, der im Tempel des Herzens wohnt, und beständig daran festhält.

Durch Sri Bhagavans Gnade findet der Devotee oft dies alles in seinem/ihrem Leben.

Aus den Talks:

M.: »Das Betrachten des eigenen Selbst wird *bhakti* genannt (*Swa svarupanusandhanam bhaktirityabhidheeyate*). *Bhak-*

---

[1] aus Talk 222

ti und Selbstergründung sind ein und dasselbe. Das Selbst der *Advaitins* ist der Gott des *bhaktas*.«[1]

F.: »Worin besteht der Pfad der Erkenntnis (*jnana marga*)?«

M.: »Die Konzentration des Geistes ist beiden gemein, dem Pfad der Erkenntnis und dem des Yoga. Yoga strebt die Einheit des Individuums mit dem Ganzen, mit der Wirklichkeit an. Diese Wirklichkeit kann nicht neu sein. Sie muss auch jetzt existieren, und sie existiert. Deshalb versucht man auf dem Pfad der Erkenntnis herauszufinden, wie Trennung (*viyoga*) entstanden ist. Die Trennung ist ja nur eine Trennung von der Wirklichkeit.«[2]

---

[1] aus Talk 274
[2] aus Talk 17

11.

**Durch Atemkontrolle duckt sich der Geist wie ein Vogel, der im Netz gefangen ist.
Sie ist ein Mittel zur Kontrolle (des Geistes).**

Kommentar

Wenn man den Geist unter Kontrolle hat, ist damit auch automatisch der Atem unter Kontrolle. Für denjenigen, der nicht in der Lage ist, seinen Geist direkt zu kontrollieren, empfiehlt Sri Ramana die Atemkontrolle. Sie bewirkt, dass der Geist sich beruhigt.

Atemkontrolle besteht normalerweise aus drei Schritten: *rechaka* – Ausatmung, *puraka* – Einatmung, *kumbhaka* – Zurückhalten des Atems.

In Talk 448 hat Sri Bhagavan die folgende Anweisung für die Atemkontrolle (*pranayama*) des *jnana-yoga* gegeben: (Sie ist von der im Hatha Yoga verschieden.)

»Naham – Ich bin nicht das – entspricht der Ausatmung (*rechaka*).
Koham – Wer bin ich (die Suche nach dem Ich) – entspricht der Einatmung (*puraka*).
Soham – Er ist ich (das Selbst allein) – entspricht dem Zurückhalten des Atems (*kumbhaka*).
Dies sind die Funktionen der Atemkontrolle (pranayama).
Die drei Formeln sind also:
Na - Aham (nicht – ich)
Ka – Aham (wer – ich)
Sa – Aham (Er – ich)
Streiche die Präfixe und halte dich an den gemeinsamen Nenner: *Aham* – ›Ich‹. Das ist der Kern der ganzen Sache.«

Dies ist eine Form von *Atma vichara*.

Pranayama ist auch ein Thema, das in den Yoga-Texten zu finden ist, wie etwa im Shiva Samhita, Gheranda Samhita,

Hatha Yoga Pradipika, in den Yoga Sutras und in anderen Yoga-Schriften.

Für jene, die dem Pfad Sri Ramanas folgen, gibt es zweierlei Arten von Atemkontrolle: *kevala kumbhaka* (das völlige Zurückhalten des Atems) und *pranayama* (die Regulierung des Atems). Die Quelle des Atems ist dieselbe wie die des Geistes. Deshalb senkt sich der Geist, wenn sich der Atem beruhigt, und andersherum: Wenn der Geist still wird, beruhigt sich auch der Atem. *Kevala kumbhaka* überwindet alle Neigungen (*vasanas*). Der Geist wird gereinigt, und der Fluss des Atems (*prana* = Lebenskraft) wird spontan im *brahma nadi* begründet, das letztendlich nichts anderes als das Selbst ist. Dies wird durch die Methode erreicht, wie sie von Sri Ramana bereits beschrieben wurde.

Pranayama ist eine unterstützende Übung, die, wie *japa*, Meditation usw. auf den direkten Weg der Selbstergründung vorbereiten kann. Wenn der Strebende nicht direkt die Selbstergründung üben kann, dann sollte der Geist darauf gerichtet sein, den Fluss des Atems zu beobachten. Dies führt zu *kumbhaka* und zur Kontrolle des Geistes.

Für jene, die nicht in der Lage sind, *kumbhaka* durch die einfache Beobachtung des ein- und ausströmenden Atems zu üben, erwähnt Sri Ramana die Praxis des *pranayama*, wie sie von den Hatha Yogis dargelegt wird. Dabei wird das Verhältnis von 1:1:4 für *rechara*, *puraka* und *kumbhaka* empfohlen. Wenn die Kanäle (*nadis*) allmählich gereinigt sind, ergibt sich daraus *suddha kumbhaka* (die völlige Atemkontrolle). Mithilfe dieser Kontrolle wird man in der Quelle des Denkens gegründet.

Die einfachste und sicherste Methode ist jedoch, einfach bei dem Beobachten des Atems zu bleiben. Dies ist sehr effektiv und kann getan werden, ohne dass jemand die richtige Ausführung der Praxis überwacht.

Man muss allerdings bedenken, dass die Atemkontrolle nur eine vorübergehende, vorbereitende Maßnahme ist. *Atma vichara* ist die endgültige Lösung für die Beseitigung der menschlichen Befindlichkeit. Wer sich aber nicht direkt auf diesen höchsten Pfad begeben kann, den führt die Atemkontrolle ›näher heran‹.

12.

Geist und Atem mit ihren jeweiligen Gedanken und Handlungen sind zwei Verzweigungen, die aus der einen, innewohnenden (potenziellen) Kraft entspringen.

Kommentar

Wie viele Verzweigungen es auch geben mag, sie münden immer in eine einzige Quelle, wenn man sie zurückverfolgt. Diese eine, angeborene Quelle ist das Selbst von allen. Alle Sinne führen zu dieser einen Quelle zurück. Die Gedanken nehmen von dieser einen Quelle ihren Ausgangspunkt und enden in ihr. Worte entstehen aus ihr und kehren zu ihr zurück. Diese innewohnende Kraft ist diese eine Quelle. Das Ziel ist immer dasselbe, unabhängig vom vermeintlichen Ausgangspunkt. Der Ausgangspunkt ist in Wirklichkeit auch das Ziel.

Obgleich es so erscheint, als würde die Bewegung dieser Kraft (*Shakti*) Wörter und Welten erschaffen, gibt es in Wirklichkeit nie irgendeine Bewegung.

Ob die Gedanken ziellos oder zielgerichtet fließen, diese eine Quelle bleibt davon unberührt. Ob gute oder schlechte Taten ausgeführt werden, diese eine Quelle bleibt davon unberührt. Nur derjenige nimmt rückblickend das Mögliche wahr, der Unterschiede erschafft. Es ist die dualistische Sichtweise, die in den Grund des Seins eine Bewegung hineinkreiert. Versteht man die Quelle der Gedanken und Handlungen, wird man fest in dieser Quelle gegründet (*Atmanishtha*).

13.

Es gibt zwei Arten von Kontrolle: die zeitweise Auflösung und die völlige Vernichtung. Was zeitweise aufgelöst ist, kommt wieder, nicht aber das, was vernichtet wurde.

Kommentar

Der Begriff ›*laya*‹ (Auflösung) meint die Art von geistiger Inaktivität, die sich durch Hypnose, Ohnmacht oder Trance einstellt. Es muss allerdings angemerkt werden, dass ›**reifes**‹ *vichara* selbst während einer Ohnmacht zur Quelle vordringen kann und wird. Dies entspricht der Erfahrung einiger. Solange aber der Geist seine vermeintliche (objektive) Unabhängigkeit aufrechterhält, bewahrt er sie sich, selbst wenn die geistige Inaktivität hundert Jahre dauern sollte. Das ›Glück‹, das er auf diesem Weg erlangt, dauert nur so lange, wie die Inaktivität anhält. Dann kehren die alten *vasanas* (die Gewohnheiten des Geistes), die nur geschlummert haben, zurück, und alles ist wie zuvor. Obwohl das hilfreich sein kann, ist es doch nicht die endgültige Lösung.

Der Versuch, diese gewohnheitsmäßig nach außen strebenden Neigungen nur zurückzuhalten, kann nie etwas anderes als zeitweilige Erlösung bringen, der das Wiederaufleben der Gedanken folgt. Betrachte die tägliche Erfahrung der Inaktivität im Tiefschlaf oder auch während einer Narkose.

Stattdessen wird die Auslöschung (*vinasana*) verfochten. Nur eine **bewusste Suche** nach dem Ich-Gedanken, dem ersten (und letzten) aller Gedanken, wird die menschliche Verfassung beseitigen und zu *sahaja samadhi* führen. *Vichara* muss die Grundeinstellung des Geistes während der täglichen Beschäftigung werden.

Mit ›*vinasana*‹ (Vernichtung oder Verschwinden) ist die völlige Beseitigung der *vasanas* gemeint. Dies wird dadurch erlangt, dass man den ›Ich‹-Gedanken ein für alle Mal ausmerzt. Das ist die wahre Lösung für den menschlichen Zustand.

> M.: »Es gibt zwei Arten von *vasanas*: (1) *bandha hetu*, die für den Unwissenden Bindung verursacht, und (2) *bhoga hetu*, die dem Weisen Freude bereitet. Die letzte Art steht der Verwirklichung nicht im Wege.«[1]

Sri Bhagavan erklärt es folgendermaßen:

1. Die Meditation sollte ununterbrochen fließen wie ein Strom. Ist das der Fall, nennt man sie *samadhi* oder *Kundalini-shakti*.

2. Wenn der Geist latent vorhanden ist und im Selbst untergeht, muss er sich doch notwendigerweise wieder erheben. Wenn er sich wieder erhebt, befindet man sich erneut im selben Zustand wie zuvor. Denn in diesem Zustand sind die mentalen Neigungen in latenter Form vorhanden, um sich unter günstigen Umständen wieder zu zeigen.

3. Hingegen können die Aktivitäten des Geistes auch völlig vernichtet werden. Der Unterschied zum früheren Geist besteht darin, dass hier die Anhaftung verloren gegangen ist und nie wiederkehren wird. Selbst wenn der Mensch die Welt sieht, nachdem er im *samadhi* war, wird er die Welt nur als das nehmen, was sie wirklich ist: als eine Erscheinung der einen Wirklichkeit. Das wahre Sein kann nur im *samadhi* verwirklicht werden. Was darin (im *samadhi*) war, ist auch jetzt. Andernfalls kann es nicht die Wirklichkeit oder das immer gegenwärtige Sein sein. Was im *samadhi* war, ist auch hier und jetzt. Halte dich daran! Es ist dein natürlicher Seins-Zustand. *Samadhi* muss dazu führen. Wie kann *nirvikalpa samadhi* von Nutzen sein, in dem der Mensch wie ein Holzklotz ist? Er muss notwendigerweise wieder daraus auftauchen und der Welt begegnen. In *sahaja samadhi* dagegen bleibt er von der Welt unberührt.[2]

---

[1] aus Talk 317
[2] aus Talk 465

14.

Durch Atemkontrolle duckt sich der Geist. Durch die Kontemplation eines einzigen Gedankens wird er (der Geist) vernichtet.

Kommentar

»*Prana* (Atem) und Geist entspringen aus derselben Quelle.«[1]

Wie bereits in Vers 11 besprochen, bewirkt die Atemkontrolle von selbst, dass der Geist inaktiv wird. Um den Geist auszulöschen (oder zu reinigen/zu läutern), ist die auf einen Punkt gerichtete Kontemplation, die auf die Wurzel des Geistes zielt, alles, was vonnöten ist. Dies ist *Atma jnana* (das Wissen vom Selbst).

Sri Ramana kommentiert zu diesem Vers:

> »*Eka chintana* (ein einziger Gedanke) beinhaltet einen fortwährenden Gedanken. Wenn kein anderer Gedanke kommen soll, muss der eine Gedanke kontinuierlich sein. Was mit diesem Vers gemeint ist, ist Folgendes: In den vorangegangenen Versen wurde gesagt, dass Atemkontrolle oder *pranayama* hilfreich sein kann, um den Geist unter Kontrolle zu bringen. Dieser Vers sagt, dass dem Geist, der auf diese Weise unter Kontrolle gebracht und in den Zustand von *laya* versetzt worden ist, nicht erlaubt werden sollte, in reinem *laya* oder einem schlafähnlichen Zustand zu verharren, sondern dass er auf *eka chintana* (einen einzigen Gedanken) hingelenkt werden sollte, sei dieser Gedanke nun das Selbst, der *Ishta Devata* oder ein *Mantra*. Was dies für ein Gedanke ist, hängt von der Reife (*pakva*)

---

[1] aus Talk 328

des Menschen ab. Der Vers belässt es bei ›einem einzigen Gedanken‹.«[1]

---

[1] Mudaliar: Tagebuch, Eintrag vom 21.1.1946

15.

Gibt es für den großen Yogi, dessen Geist vernichtet ist und der in Seinem eigenen Selbst weilt, noch irgendetwas zu tun?

Kommentar

Du musst alle mentalen Konzepte beiseiteschieben, um [die Wahrheit] herauszufinden. Das Problem ist die Identifizierung mit dem falschen ›Ich‹ – dem ›Ich‹-Gedanken, dem Ursprung des Geistes – dem Ursprung des Verkopfens (das unaufhörliche Geschwätz des Geistes – ›mindstuff‹). Dieses ›Ich‹ erhebt sich täglich und geht wieder unter, erschafft sich sogar je nach Anlass von neuem. Der große Yogi dagegen muss sich nicht ständig fragen: »Muss ich irgendetwas tun?« Er macht einfach damit weiter. Mit gereinigtem Geist ist er für alles bereit. Hier ist ein Geist, der, wenn nötig, zu jeder Zeit von neuem beginnt, der immer Selbst-genügsam (*purna*) in sich selbst ruht. Hier ist ein Geist, der wahrhaft offen ist. Er fließt frei und erblüht in der Abhängigkeit vom Selbst, ohne Errungenschaft, ohne den Gedanken an Leistung, ohne den Wunsch zu tun, ohne Projektion, ohne die Vorstellungen von *dvaita* (Dualität) oder *advaita* (Nicht-Dualität) oder einem Gemisch aus beidem. Dieser Geist ist ohne den bindenden Gedanken an Erleuchtung. Es ist dein Geist, gereinigt, geläutert, Selbst-genügsam und spontan. Dies ist möglich in deiner Praxis, jetzt, in diesem Augenblick. Das Wandelbare widerspiegeln, unwandelbar bleiben. Sein, wie es ist.

> »Nur der Geist ist die Ursache für die Bindung oder Befreiung des Menschen. Wessen Geist der Welt (der Objekte) ergeben ist, ist gebunden. Wessen Geist nicht der Welt (der Objekte) ergeben ist, ist frei. So sagen es die Weisen!«[1]

---

[1] Amrtabindupanishad

16.

Der Geist, der davor zurückgehalten wird, das vielfältige Universum zu sehen, wird zum Bewusstsein des Selbst. Das ist die Sicht der wahren Weisheit.

Kommentar

Die wahre Weisheit ist nicht davon abhängig, was man sieht, noch davon, was man hört, schmeckt oder berührt. Das Bewusstsein des Selbst ist nicht von einem der Sinne abhängig, aber alle Sinne sind vom Bewusstsein des Selbst abhängig. Die Verweigerung, das vielfältige Universum zu sehen, wird *brahmacharya* genannt. *Brahmacharya* bedeutet, mit seinem ganzen Sein völlig *Brahman* oder dem Selbst hingegeben zu leben (Brahma – die Wahrheit, *Brahman* – das Absolute; *carya* – Handlungsweise, Praxis von etwas, Beschäftigung mit etwas). Weiter vorn haben wir davon gesprochen, völlig die Vorstellung des falschen ›Ich‹ aufzugeben. Das ist *brahmacharya*. Indem man das Ego (*ahamkara*) aufgibt, wird die Wahrheit enthüllt. Wenn du dem Sehsinn frönst, verleugnest du das Selbst. Wenn du dem Hörsinn frönst, verleugnest du das Selbst. Wenn du dem Geschmackssinn frönst, verleugnest du das Selbst. Wenn du dem Tastsinn frönst, verleugnest du das Selbst. Sobald du aus den ›Dingen‹ ein Objekt machst, verleugnest du das Selbst. Dies ist das Problem des menschlichen Zustandes. *Brahmacharya* ist das wirkungsvolle Gegenmittel. Wenn *brahmacharya* gepflegt wird, werden die Sinne Kanäle für das Selbst anstatt Sklaven der objektiven Umgebung zu sein. Die Haltung »Ich tue das« verschwindet. Der Verleugnung des Selbst wird durch die offenkundige Wahrheit von *brahmacharya* entgegengewirkt. Das wirksamste Mittel, um *brahmacharya* zu erlangen, ist, den Weg des *Atma vichara* (Selbstergründung) einzuschlagen. Dann kannst du dich so verhalten, dass es einem Leben voller wahrer Weisheit förderlich ist. Dies ist dein angeborenes Sein (*svabhava*). Dies ist wahre Unabhängigkeit und Einmaligkeit. Jetzt wird dein Leben spontan. Das Universum wird als das wahrgenommen, was es ist.

»Da die Befreiung dem Geist zugesichert ist, der sich nicht den Objekten hingibt, sollte der Geist dessen, der nach Befreiung strebt, ständig von aller Anhaftung an Objekte freigehalten werden.«[1]

---

[1] Amrtabindupanishad

17.

Wenn man nach dem Geist forscht, findet man keinen solchen Geist. Dies ist der zweckmäßige Weg, denn er ist direkt.

Kommentar

Wie wird das erreicht?

> »Wenn man herausfinden will, was der Geist ist, d.h., von welcher Gestalt er ist, ist am Ende kein Geist zu finden. Derjenige, der diese Erforschung anstellt, ist selbst die wahre Gestalt des Geistes, die nur seine besondere Ausstrahlung ist. Während der Suche fließt diese Ausstrahlung ins Selbst zurück. Dann ist da kein Geist mehr. Dies lehrt Bhagavan. Das ist der geradlinige Weg.«[1]

Wir sollen nicht die Natur des Geistes analysieren, sondern vielmehr direkt hinschauen. Wenn man direkt sieht, ist damit alles beantwortet.

Der Geist verhält sich zur Schlange wie das Selbst zum Seil.[2] Der Geist taucht als Objekt auf, da das Selbst mit dem Körper identifiziert wird. So entsteht Vermittlung, wo keine Vermittlung nötig wäre. Wir sollen den Geist nicht analysieren, sondern vielmehr direkt zu seiner Wurzel vordringen. Der Geist ist einfach nur die Rastlosigkeit des menschlichen Zustandes. Wenn er wandert, wird die Welt erschaffen. In Wirklichkeit ist der Geist kein eigenständiges Wesen. Die Eigenständigkeit wird ihm nur unterstellt. »Der Geist ist das Ergebnis des Egos, und das Ego kommt aus dem Selbst.« (Ramana Maharshi)

---

[1] aus Ganapati Munis Kommentar zu Upadesa Saram in: Shankaranarayanan: Bhagavan and Nayana, S. 51
[2] nimmt Bezug auf eine bekannte Analogie: Im Dunkeln wird das Seil für eine Schlange gehalten. Ebenso ist der Geist unwirklich wie die scheinbare Schlange, die in Wirklichkeit ein Seil ist. (Anm. d. Übers.)

Keine Grenze trennt das Subjektive vom Objektiven, doch es scheint so, als ob der Geist versucht, diese Rolle zu übernehmen. In Wirklichkeit liefert der Geist (*manas*) nur den Philosophen Nahrung, die von einem Geist träumen.

Der zweckmäßige Weg ist deshalb von Natur aus (*svabhava*) frei von Auffächerung. Ein Vogel fliegt wie ein Vogel. Ein Fisch schwimmt wie ein Fisch. Keiner versucht, der andere zu sein. Ja, er versucht nicht einmal, er selbst zu sein. Es ist nichts natürlicher, als im Selbst zu verweilen. Bhagavan hat uns den kürzesten Weg gezeigt.

> M.: »Der Geist ist lediglich ein Bündel von Gedanken. Diese Gedanken haben ihre Wurzel im Ich-Gedanken.« Er zitierte: »›Wer den Ursprung des Ich-Gedankens erforscht, dessen Ego verschwindet. Das ist die wirkliche Ergründung.‹ Dadurch wird das wahre Ich entdeckt, das aus sich selbst erstrahlt.«[1]

---

[1] aus Talk 222

18.

Alle Geisteszustände sind von der Aktivität des ›Ichs‹ abhängig. Diese Tätigkeiten sind der Geist. Wisse, dass das ›Ich‹ der Geist ist.

Kommentar

Die Tätigkeiten des Geistes sind von der scheinbar eigenständigen Aktion und Reaktion des Egos abhängig, die auf Situationen angewandt und von ihnen hervorgerufen werden und ständig Situationen kreieren. Das führt unweigerlich zu extremen Anschauungen (Gegensätzen). Einerseits strömt das Selbst vom Herzen immerzu durch jedes Ding, durch jede Gestalt und jedes Ereignis, indem es sich spontan durch sich selbst ausdrückt. Andererseits strebt das Ego-Selbst, blind von der Illusion einer separaten Existenz und taub für die Stimme von innen, ständig zu seinen Gunsten und zum Nachteil der anderen. Mit seinem sogenannten ›freien Willen‹ kämpft es gegen das Universum, in dem vergeblichen Versuch, seine rein persönlichen Wünsche zu erfüllen. Das ›Ich‹ formt sich ein enges Universum, das seinen Launen und Wünschen behagt. Das Subjekt ›Ich‹ spricht von seinem Glück, seiner Trauer, Klugheit, Dummheit, Liebe für dieses und Hass auf jenes. Dieses Bündel von Gedanken, das einzig den Geist ausmacht, dieser ›mindstuff‹ überlagert das Formlose (*arupa*) mit sich selbst. Eingeengt in seiner selbst erschaffenen, linearen Welt, die sich allein auf relatives Wissen gründet, lebt es glücklich, traurig usw. und verändert ständig sein ›bekanntes‹ Universum. Seine Beschäftigung ist *nama* (das Spiel der Namensgebung).

19.

**»Woher kommt dieses ›Ich‹?« Wer so fragt ... AHA! ...
dessen ›Ich‹ fällt ab. Das ist Selbstergründung.**

Kommentar

Wenn man schließlich mit aufrichtiger Hingabe der Selbstergründung nachgeht, führt das zum unausweichlichen Resultat, dass das Ego-Ich einfach wegfällt. Es ist besiegt und vernichtet und hinterlässt eine spontane Wiederholung (*sphurana*) unserer wahren Identität. All der Unsinn, dem dieses ›Ich‹ Substanz verliehen hat, ist auf einmal verschwunden. Die Subjekt-Objekt-Beziehung hat sich verwandelt.

Atma vidya (die höchste Wissenschaft der Selbst-Erkenntnis) ist der Schlüssel. Indem man sich intensiv auf den Ursprung dieses ›Ich‹ konzentriert, das unausweichlich in jeder Situation auftaucht, wie etwa als »ich denke«, »ich mag«, »ich hasse«, »ich bin groß«, »ich bin klein«, »ich bin wichtig«, »ich habe eine Familie« usw., fällt dieses ›Ich‹-Gefühl weg, und **Ich** allein bleibt übrig. **Ich** bleibe vollständig wie immer. Der Geist braucht das **Ich**, aber das **Ich** brauche den Geist nicht. Das **Ich** ist der ewige Untergrund, auf dem alle Zustände erscheinen. Wachen, Traum und Tiefschlaf teilen alle denselben Grund, diesen Seins-Grund.

In der Selbstergründung wird alles durch die einzige Frage »Wer bin ich?« gelöst.

F.: »Worin besteht die Übung?«

M.: »In der beständigen Suche nach dem Ich, der Quelle des individuellen Ich. ›Wer bin ich‹ – finde das heraus. Das reine Ich ist die Wirklichkeit, Sein-Bewusstsein-Seligkeit in seiner Absolutheit. Wenn man DAS vergisst, entsteht das ganze

Elend. Wenn man DAS festhält, kann das Elend der Person nichts anhaben.«[1]

Sobald du von Gedanken abgelenkt wirst, frage: »Wem kommt dieser Gedanke?« Die Antwort »mir« wird dann mit der Frage »Wer bin ich?« aufgelöst. Dies ist keine Frage für den Intellekt. Es gibt darauf keine Antwort. Jede Antwort, die der Intellekt auch geben mag, führt zu der Frage zurück: »Wem kommt dieser Gedanke?« Der Frager selbst ist die Antwort.

»Der *Atman* muss im Wachen, Traum und im traumlosen Schlaf als derselbe betrachtet werden. Für jenen, der die drei Zustände transzendiert hat, gibt es keine Wiedergeburt.«[2]

---

[1] aus Talk 17
[2] Amrtabindupanishad

20.

Wenn das Ich-Gefühl (Ego) vernichtet ist, kommt das Herz als das höchste, vollständige Sein (Gesamtheit) von selbst deutlich zum Vorschein. Als ›Ich-Ich‹ bricht es hervor.

Kommentar

Das höchste und vollständige Sein ist wegen seiner Vollkommenheit (*purna*) weder nur innen noch nur außen, sondern vielmehr innen und außen (d.h. alles, was ist). Es ist das wahre Zentrum, das keinen begrenzten Umfang hat. Das individuelle Ich erscheint lediglich als ein begrenzendes Anhängsel. Dieses ›Ich‹ handelt wie eine Hülle, die den Anschein erweckt, das zu enthalten, in dem sie in Wirklichkeit selbst enthalten ist. Seine Quelle ist und war immer schon DAS. Wenn das Ich-Gefühl stirbt, kann dies in gewisser Hinsicht als ein ›Hervorbrechen‹ beschrieben werden oder auch als ein Pochen (Schlagen) des Selbst durch Sich Selbst. Es ist ewig, immerwährend, das Herz von allem. Diese Erfahrung negiert nicht die empirische Welt, sondern führt sie vielmehr zu ihrem rechtmäßigen Platz als nicht verursachte Erscheinung in *Brahman* zurück.

Dass dieses ›**Ich-Ich**‹ im Körper als die reine Vibration des Seins wahrgenommen werden kann, sollte nicht verwundern und auch nicht als unstimmig erscheinen, da doch die Existenz des Körper-Geist-Komplexes völlig vom Selbst abhängig ist. Wie ein Topf, der auf dem Grund des Meeres liegt, Wasser enthält und im Wasser versunken ist, so ist es auch mit dem Körper. Sollte es daher für das Selbst unmöglich sein, sich durch diesen Körper zu äußern? Das wäre in der Tat unstimmig. Der Gedanke, dass die beiden Vorstellungen von ›geistig‹ und ›materiell‹ zwei eigenständige Größen seien (d.h. dass da zwei Ich sind, ein geistiges und ein körperliches), ist die einzige Täuschung.

»Das ganze Universum ist im Körper, und der ganze Körper ist im Herzen; deshalb ist die ganze Erscheinungsform des Universums im Herzen enthalten.« (Ramana Gita)

21.

Dies (das Herz) trägt den Namen ›Ich‹. Obwohl das ›Ich‹ (das individuelle Ich-Gefühl) täglich (im Tiefschlaf) versinkt, wird seine wahre Existenz (als ›Ich-Ich‹) nie zerstört.

Kommentar

F.: »*Aham* (ich) bezieht sich auf das Individuum und auch auf *Brahman*. Das ist sehr missverständlich.«

M.: »*Aham* bezieht sich auf verschiedene begrenzende Attribute (*upadhi bheda*). Die körperlichen Begrenzungen gehören dem Ich (*aham*) des *jiva* an, während die universellen Begrenzungen dem Ich (*aham*) *Brahmans* angehören. Wenn du die begrenzenden Attribute (*upadhi*) wegnimmst, dann ist das Ich (*aham*) rein und einzig.«[1]

Und an anderer Stelle in den Talks antwortet Sri Bhagavan:

»Das Selbst ist im Schlaf reines Bewusstsein. Im Übergangsstadium [direkt nach dem Erwachen] entfaltet es sich als *aham* (ich) ohne *idam* (dies; gemeint ist die objektive Welt) und manifestiert sich als *aham* (ich) und *idam* (dies) im Wachzustand. Die Erfahrung des Individuums ist nur durch das *aham* (Ich) möglich. Darum muss man die Verwirklichung mithilfe des Übergangs-Ichs anstreben. Ansonsten ist die Erfahrung des Schlafes ohne Bedeutung. Wird das Ich des Übergangszustandes verwirklicht, ist damit die Grundwahrnehmung gefunden, und das führt zum Ziel.«[2]

Das Herz ruft ›**Ich-Ich**‹. Doch solange der wolkengleiche Geist seine Identität als ›Ich‹ geltend macht, bleibt das Selbst als ›**Ich-Ich**‹ unbemerkt und wird nicht gespürt, obwohl es ständig widerhallt und ganz vertraut ist. Die *uphadis* sind ein-

---

[1] aus Talk 433
[2] aus Talk 314

schränkende Faktoren, welche die Erscheinung einer Reihenfolge und Unterscheidung verursachen. Es beginnt mit der falschen Identifikation des Ichs mit dem trägen Körper-Geist-Komplex. Während das Ego erklärt, ›ich‹ zu sein, wird damit sofort ›ich‹ und ›mein‹ auf den Plan gerufen, gefolgt von ›du‹ und ›dein‹ usw. Dies geschieht lediglich aufgrund der Vorbedeutung dieser ersten, undifferenzierten, einzigen Identität, die unaufhörlich als das wahre ›Ich-Ich‹ pulsiert. Sobald das Ego seine Gewohnheit der Selbst-Begrenzung (durch die Selbstergründung) aufgibt, wird die Sprache von Herz zu Herz empfunden – völlig still und jenseits der Sprache, und doch kraftvoll pulsierend wie immer.

Sri Ramanas Lehre kommt direkt aus dem Herzen, und daher sind Seine Worte ewig lebendiges Mitgefühl. Wenn wir uns seinen Worten öffnen, spricht Herz zu Herz, und der Kopf (Intellekt) neigt sich in beständigem *namaskar*.

22.

Dieses einzig existierende ›Ich‹ ist nicht die Täuschung von (einer Trennung in) Körper, Sinne, Atem und Geist. Diese Täuschung ist empfindungslos und nicht-existent (unwahr).

Kommentar

F.: »Warum wird in Upadesa Saram der Körper als empfindungslos (*jada*) bezeichnet?«

M.: »Insofern, als du glaubst, der Körper und alles Weitere sei vom Selbst getrennt. Aber wenn man das Selbst findet, wird man auch diesen Körper und alles andere im Selbst finden. Danach wird niemand mehr eine solche Frage stellen, und keiner wird mehr behaupten, sie seien empfindungslos.«[1]

Selbst-Begrenzung ist der Inbegriff der Täuschung, welche das Ego-Selbst von allen anderen trennt und in diesem Sinn mit weiteren Aufteilungen wie Körper, Sinne, Atem und Geist usw. weitermacht. Diese selbstgemachte Täuschung ist unwahr, empfindungslos, ist ›mindstuff‹. Während beide, der Weise wie der Unwissende, behaupten: »Ich bin der Körper«, beschränkt der Unwissende seine konkrete Vorstellung vom Selbst einzig auf den Geist und den Körper, während der Weise versteht, dass alles, Geist und Körper eingeschlossen, völlig und allein vom Selbst abhängig ist. Für den Weisen ist die Welt wirklich, da er erkennt, dass sie am Sein des einen wahren Selbst, das unverursacht, ungeboren und nicht-dual ist, teilhat und einzig von ihm abhängt. Insofern bestätigt der Weise vielmehr die Wirklichkeit der Welt, als sie zu verleugnen. Der Unwissende jedoch sieht die Welt als eine separate Realität, als etwas anderes als das Selbst. (Es ist, als ob er darauf schwören würde, dass das Silber im Perlmutt eine wahre und unabhängige Existenz

---

[1] aus Talk 310

habe.) So macht er Unterschiede in sich selbst und auch in der Welt, die er ›beobachtet‹. Die Unterschiede, die er macht, sind nicht auf ihn selbst und die Welt beschränkt, sondern werden auch auf das Spirituelle und Materielle ausgeweitet. Das ist *jada*, unintelligent. Die Falschheit einer solchen Trennung bewirkt die menschliche Befindlichkeit. Dann formt der Geist seine Schöpfung. Trennung ist die Haltung von Ignoranz. Wenn du dich selbst als getrennt von den anderen betrachtest und die anderen als getrennt von dir, dann hältst du die vielfältigen Bereiche egoistischer Taten und die daraus entstehenden ›Früchte‹ am Leben. Wenn du aber, wie der Weise, erwägst, dass die Erschaffung der Welt nie geschehen ist, und bestätigst, dass sie auf der absoluten Ebene eine nicht verursachte Erscheinung ist, werden die Handlungen wieder zu einem spontanen Ausdruck des Selbst.

F.: »Soll ich die Welt denn überhaupt nicht sehen?«

M.: »Das heißt nicht, dass du deine Augen vor der Welt verschließen sollst, sondern lediglich, dass du zuerst dich und dann die ganze Welt als das Selbst sehen sollst. Wenn du dich für den Körper hältst, scheint die Welt außen zu sein. Wenn du das Selbst bist, erscheint die Welt als manifestiertes *Brahman*.«[1]

---

[1] aus Talk 272

23.

Wie kann man behaupten, dass ein anderes Bewusstsein die Existenz erhellt, wenn Bewusstsein von Natur aus Existenz (das Selbst) ist und das ›Ich‹ von Natur aus Bewusstsein?

Kommentar

Ungeteilt, vollständig, vollkommen (*purna*) und aus sich selbst strahlend ist dieses Bewusstsein das Substrat der Existenz. Alles andere ist völlig von Ihm abhängig.

> M.: »Das ganze Universum ist voller Leben. Du sagst, der Stein habe kein Bewusstsein. Es ist dein Selbstbewusstsein, das von fehlendem Bewusstsein spricht. Wenn ein Mensch wissen will, ob sich in einem dunklen Raum ein bestimmter Gegenstand befindet, nimmt er eine Lampe und sucht danach. Das Licht hilft ihm zu sehen, ob das Gesuchte da ist oder nicht. Bewusstsein ist nötig, um zu entscheiden, ob etwas bewusst ist oder nicht. Wenn sich jedoch ein Mensch in einem dunklen Raum befindet, braucht man keine Lampe, um ihn zu finden. Ruft man nach ihm, gibt er Antwort. Er benötigt keine Lampe, um seine Gegenwart anzuzeigen. So ist auch Bewusstsein selbstleuchtend.«[1]

Das Problem liegt in der irrigen Auffassung, der Körper sei das ›Ich‹. Das wahre ›Ich‹ ist immer gegenwärtig. Weder kommt es noch geht es. Es ist nicht auf den Körper angewiesen. Es existiert vor dem Körper. Es besteht weiter, wenn der Körper einst vergangen ist. Das wird sogar im täglichen Ablauf der drei Zustände deutlich. Die Illusion von mehreren eigenständigen Bewusstheiten entsteht mit dem Ego-Geist und bringt die Verbindung mit Objekten mit sich. Andererseits ist Bewusstsein aus sich selbst leuchtend. Es ist die reine Wirklichkeit, ohne

---

[1] aus Talk 591

dass es irgendeine Verbindung eingehen müsste. Nichts anderes kann Bewusstsein erkennen als Bewusstsein selbst. Es ist Einheit. Bewusstsein ohne Denken (mentales Begreifen) ist das Absolute. Bewusstsein mit Denken ist das Universum. Bewusstsein ist nur eines, ohne ein zweites.

Bewusstsein drückt sich in den drei Zuständen von Wachen, Traum und traumlosem Tiefschlaf aus. Es ist *Atman*, das Selbst, der Zeuge von allem. Ohne Bewusstsein kann nichts wahrgenommen werden.

Atma vichara bringt uns heim zum Ziel, wo selbst das Zeuge-Sein im *Atman* subsumiert ist. Es erstrahlt als das, was Es ist, frei von allen Begrenzungen (*upadhis*).

Selbstergründung enthüllt die Wahrheit.

> Frage: »Ist es nicht sonderbar, dass das ›Ich‹ nach dem ›Ich‹ forschen soll? Wird dadurch die Frage: ›Wer bin ich?‹ am Ende nicht eine leere Formel? Oder soll ich diese Frage unnunterbrochen an mich richten und sie wie ein *Mantra* wiederholen?«

> Maharshi: »Das Forschen nach dem Selbst ist sicherlich keine leere Formel. Es ist mehr als die Wiederholung irgendeines *Mantras*. Wenn das Forschen: ›Wer bin ich?‹ bloß eine mentale Frage wäre, hätte sie nicht viel Wert. Der eigentliche Zweck der Selbsterforschung ist, Denken und Fühlen zu ihrem Ursprung hinzulenken. Es geht also nicht darum, dass ein ›Ich‹ nach einem anderen ›Ich‹ forscht.

> Das Forschen nach dem Selbst ist auch darum keine leere Formel, weil es eine intensive Aktivität des gesamten Geistes erfordert, um ihn gleichmäßig in reinem Selbst-Gewahrsein verweilen zu lassen.

> Selbsterforschung ist das eine, unfehlbare und einzige direkte Mittel, um das unbedingte, absolute Sein, das du in Wahrheit bist, zu verwirklichen.«[1]

---

[1] Die Botschaft des Ramana Maharshi, S. 64 f.

24.

Der Unterschied zwischen Gott und dem *jiva* besteht lediglich im Gedanken an eine angenommene Erscheinungsform (an einen äußeren Schein). Die wahre Essenz (von beiden) ist dieselbe, der Zustand von Selbst-Existenz.

Kommentar

Die Grundlage vieler polemischer Auseinandersetzungen ist der vom Geist wahrgenommene Unterschied zwischen Gott, dem *jiva* und der Welt. Dies mag zwar zu vielen interessanten akademischen Debatten führen und zu Diskussionen am Kaffeetisch, ist jedoch für den ernsthaften Sucher bedeutungslos. Lege jeden Gedanken an Unterschiede beiseite (selbst den Gedanken einer Unterscheidung zwischen *dvaita* und *advaita*). Finde zuerst die Wahrheit über deine eigene Wirklichkeit heraus.

Durch sein Verständnis des Universums beschränkt sich der *jiva* selbst. Er ordnet das Universum um sein eigenes individuelles Zentrum herum an, welches beständig auf das zurückverweist, was ihm bekannt ist. Deshalb kann sein Verständnis nur in der Vergangenheit wurzeln. Ebenso stellt er eine Unzahl von ›anderen‹ individuellen Zentren auf, die er eindeutig als ›nicht ich‹ erkennt. Auf diese Weise wird ein Universum aus Urteilen und Vergleichen erschaffen und erhalten. Die Wirklichkeit wird selten gesehen, außer durch einen Nebel von Annahmen. Und wenn sie zeitweise als ungeteiltes Bewusstsein durchscheint, antwortet das Ego damit, es zu genießen, zu analysieren oder es wiederzuerschaffen, um das Ereignis als ›meins‹ beanspruchen zu können. Damit degradiert er das, was immerwährende Wirklichkeit ist, auf die Ebene des relativen Erlebens. Sofort stiehlt die Erinnerung diesen Augenblick und sinnt darauf, ihn als Basis für zukünftige Urteile und Vergleiche zu gebrauchen.

Aber Gott ist das absolute Zentrum ohne einen Umfang (d.h. ohne Begrenzung). Er ist einzig, allumfassend. Alle von ihm abhängigen Ego-Zentren verdanken ihm ihren jeweiligen Platz als Mengen und Untermengen im Universalen. Gott bleibt unveränderlich wie immer. Dieses Zentrum ist das wahre Zentrum von allen. Es kann nicht beschrieben werden. Alle Punkte laufen hier, in diesem Zentrum, zusammen, und es unterhält alle Punkte. Dieses Zentrum sollte der Gegenstand deiner Meditation/Suche sein.

»Das Zentrum des Egos und sein Innerstes wird das Herz genannt. Es ist dasselbe wie das Selbst.«[1]

[1] aus Talk 398

25.

Indem man den äußeren Schein beseitigt, sieht man sein eigenes Selbst. Dies ist das Schauen [*darshana*] Gottes, denn Er ist die Form unseres eigenen Selbst.

Kommentar

Wie wir bereits gesehen haben, führen die Annahme eines falschen Selbstverständnisses und das Aufstellen des eigenen Ichs als das Zentrum des Universums zu der Situation, in der sich der Mensch befindet. Die Schlange [im Seil; gemeint ist ein Seil, das als Schlange gesehen wird] wird nur so lange als solche gesehen, bis die wahre Sichtweise auf die Situation angewandt wird. Dann enthüllt sich das Seil als Seil, das es immer schon war. Die Erscheinungsformen und ihre vielfältigen Erklärungen sind reine Polemik. Konzentriere dich auf die Aufgabe, die vor dir liegt. Wahres Wissen besteht darin, das Selbst, das wirklich ist, vom Nicht-Selbst, das unwirklich ist, zu unterscheiden.

»Erforscht man die scheinbare Wirklichkeit der falschen Welt, erkennt man, dass sie so unwirklich ist, wie die Schlange auf einem Wandgemälde. Genauso ist die Praxis von Buße und von Ritualen (um damit die Welt aus dem Blickfeld zu verbannen) wie das Schlagen einer Trommel, um damit den Pfosten zu verscheuchen, den man irrtümlich für einen Dieb hält. Wenn die Belehrung ›Dies alles ist falsch‹ eindeutig von dir als richtig erkannt wird und du weißt, dass es so ist, warum solltest du dann nach weiterer Erkenntnis suchen? Hat sich die dichte Finsternis der Unwissenheit vor der Sonne der Erkenntnis verflüchtigt, warum zweifelst du dann immer noch daran, dass es das wahre Licht ist?« (Ozhivil Odukkam[1])

---

[1] ein Tamilklassiker aus dem 17. Jahrhundert, der von Sri Ramana oft zitiert wurde

»Es ist das Selbst, das vom Nicht-Selbst spricht, weil es sich selbst vergessen hat. Nachdem es den Halt an sich selbst verloren hat, nimmt es etwas als Nicht-Selbst wahr, das schließlich doch nichts anderes ist als es selbst.«[1]

---

[1] aus Talk 310

26.

Indem man als Selbst verbleibt, schaut man seine wahre Natur. Da es keine zwei Selbste gibt, gibt es nur das Verweilen im Selbst.

Kommentar

Als das Selbst zu verbleiben, ist alles, was vonnöten ist.

»Das alles ist *Brahman*.« Wenn der äußere Schein, der die menschliche Verfassung und alle vom Ego gebildeten Objekte erzeugt, sich auflöst, ist das, was übrig bleibt, das ›Ich‹. Wenn diese Eigenschaften wegfallen, bleibt das immerwährende Selbst als ›Ich‹ übrig, wie es schon immer war. Das ist die einfache Wahrheit. Es gibt nichts Neues zu erlangen. Es gibt keinen weit entfernten Tag oder Ort, an dem dies erlangt werden könnte. Es gibt schlichtweg nichts zu erlangen. Vielmehr muss man den Wunsch fallen lassen, etwas erlangen zu wollen.

M.: »Das Ich, das sich erhebt, sinkt auch wieder ab. Es ist das individuelle Ich oder das Ich-Konzept. Das, was sich nicht erhebt, kann auch nicht absinken. Es *ist* und wird für immer sein. Es ist das universelle Ich, das vollkommene Ich oder die Verwirklichung des Selbst.«[1]

Du bist immer DAS. Wie weit und für wie lange du auch reisen magst, du kannst nie weiter wegreisen oder näher hinreisen als zu Ihm. Das ist die einfache Wahrheit.

M.: »Es braucht kein Bemühen und keine Hilfe. Man muss nur die falsche Identität aufgeben und im ewigen, natürlichen und angeborenen Zustand sein.«[2]

Alles Leiden ist abhängig von der Unkenntnis der einen, fundamentalen Tatsache, nämlich dass »**es nicht zwei Selbste**

---

[1] aus Talk 311
[2] aus Talk 101

gibt, sondern nur das Verweilen im Selbst.« Wenn man das missversteht, wird alles andere auch falsch verstanden. Dann entspringen das individuelle Selbst und die anderen erbarmungslos unserem eigenen begrenzten Bewusstsein.

27.

Wahres Wissen ist das Verstehen ohne (objektives) Wissen oder Nichtwissen. Was anderes gibt es zu wissen?

Kommentar

Es wird manchmal behauptet, das Selbst sei nicht erkennbar. Damit ist gemeint, dass objektives Wissen abwesend ist, da es außer dem Selbst nichts anderes zu wissen gibt. Ein reiner Geist hat direkten Zugang zu diesem Wissen, da er frei von Gedanken ist. *Atma vichara* hält den Geist gedankenfrei.

> „Sri Bhagavan antwortete, dass sie [die Welt] unwirklich sei, wenn sie als vom Selbst getrennt gesehen würde, und wirklich, wenn sie als das Selbst gesehen würde.«[1]

›Wahres Wissen‹ ist eine tägliche Erfahrung. Wenn man mit der Welt interagiert, scheint das Selbst einfach Myriaden von Formen anzunehmen. Ob diese Formen erscheinen oder nicht, das Selbst ruht glücklich in sich selbst. Nichts wird gewonnen, nichts geht verloren, ob die Welt nun wahrgenommen wird oder nicht.

> »Der Unwissende (*ajnani*) nimmt die Welt als wirklich wahr, während der Weise (*jnani*) sie lediglich als eine Manifestation des Selbst sieht. Es ist belanglos, ob sich das Selbst manifestiert oder aufhört, dies zu tun.«[2]

---

[1] aus Talk 516
[2] aus Talk 65

28.

Wenn sich die Schau des Selbst einstellt, indem man ergründet: »Was ist meine wahre Gestalt?«, erfährt man vom Selbst erfülltes Bewusstsein und Seligkeit, ohne Anfang und Ende.

Kommentar

»Wer bin ich? Woher komme ich?« Dies ist die Ergründung! Es ist die Erforschung der Quelle des Ich-Gedankens. Es gibt darauf keine Antwort, die das Ego geben könnte, die nicht wieder zu derselben Frage zurückführen würde. Wenn die wahre Antwort spontan aufsteigt, gibt es absolut keinen Zweifel mehr!

> »Der Gedanke ›Ich‹, und ›mein‹, der fälschlicherweise dem Körper und den Sinnen zugeschrieben wird, die nicht das wahre Selbst sind, muss vom Weisen beseitigt werden, indem er im wahren Selbst verbleibt.«[1]

Das Universum der Erfahrung, zu dem das Individuum jeden Tag erwacht, ist vom Geist-Körper-Komplex abhängig und stirbt mit seinem Verschwinden. Es nimmt in der Geburt seinen Anfang und endet mit dem Tod. Einmal geboren, werden wir zum Zentrum einer Welt, die wir uns selbst erschaffen. Dieses tägliche Kommen und Gehen verschwindet im Tiefschlaf, doch wir bleiben.

> M.: »Wir existieren im traumlosen Tiefschlaf (*sushupti*), ohne mit dem Körper und Geist verbunden zu sein. Aber in den beiden anderen Zuständen [von Wachen und Träumen] sind wir mit ihnen verbunden. Wären wir wirklich eins mit dem Körper, wie könnten wir dann im Tiefschlaf ohne ihn existieren? Wir können uns von dem trennen, was außerhalb von uns ist, aber nicht von dem, mit dem wir eins sind. Deshalb ist das Ich nicht eins mit dem Körper. Dieser Tatsache müs-

---

[1] Vivekachudamani

sen wir uns im Wachzustand bewusst werden. Man sollte über die drei Zustände von Wachen, Traum und Tiefschlaf (*avasthatraya*) nachdenken, um zu dieser Einsicht zu gelangen.«[1]

»Ich bin das Selbst, o Gudakesa, das im Herzen aller Lebewesen wohnt. Ich bin der Anfang, die Mitte und das Ende von allen Lebewesen.«[2]

Die Lebewesen durchwandern ihre Kreisläufe der Existenz, von Geburt und Tod, von Anfang und Ende, ohne mehr Substanz zu haben als die der Teilnehmer in einem Traum. Die wahre Gestalt des Selbst bleibt währenddessen wie immer als Sein-Bewusstsein-Seligkeit bestehen.

---

[1] aus Talk 286
[2] Bhagavad Gita X, 20

29.

Jetzt, in dieser Welt, erlangt die göttliche Seele die höchste Seligkeit, die Bindung und Befreiung überschreitet.

Kommentar

In diesem letzten Vers enthüllt Sri Bhagavan den wahren Sinn, nämlich dass die Verwirklichung nicht zu irgendeinem fernen, vom Schicksal vorgesehenen Zeitpunkt verwirklicht wird. Vielmehr ist sie nicht nur jetzt, hier, in dieser Welt (*iha*) verfügbar, sondern ist bereits hier. Tatsächlich ist es ein grundlegendes Problem, sich eine zukünftige Erleuchtung vorzustellen.

> M.: »Die Befreiung (*mukti*) kann nicht in der Zukunft gewonnen werden. Sie ist immer da, hier und jetzt. ... Existenz = Glück = Sein. Das Wort *mukti* (Befreiung) ist so herausfordernd. Warum sollte man Befreiung suchen? Wer glaubt, dass es Bindung gibt, sucht deshalb auch nach Befreiung. Tatsache ist aber, dass es überhaupt keine Bindung, sondern nur Befreiung gibt. Warum sollte man ihm einen Namen geben und es suchen? ... Entferne lediglich das Nichtwissen. Das ist alles, was getan werden muss.«[1]

Das Doppelkonzept von Bindung und Befreiung ist ein einschränkender Faktor, der in der Welt der Gegensätze fest verankert ist. In dieser ganzen Upanishad (von Upadesa Saram) wurden wir wiederholt von Bhagavan daran erinnert, was wir zu tun haben: »Zuerst müssen wir unser eigenes Selbst erkennen, dann werden uns auch alle anderen Dinge klar sein.«[2]

Wenn wir nur als unser Selbst verbleiben können, ist alles enthüllt. Dann haben Befreiung und Bindung nichts mehr mit unserem Sein zu tun. Zuerst müssen wir unsere Aufmerksam-

---

[1] aus Talk 359
[2] aus Talk 548

keit der einfachen Tatsache zuwenden, dass Höchstes Glück alle Gedanken von Bindung und Befreiung überschreitet. Wir müssen die ganze Auswirkung dieser Aussage begreifen. *Atma vichara* ist dafür das geeignete und zweckmäßige (Yoga)-Werkzeug.

30.

**Die Wahrnehmung seines eigenen Selbst, frei vom
›Ich‹, ist das höchste *tapas*.
Dies sind Sri Ramanas Worte.**

Kommentar

Wie wir gesehen haben, ist die Suche eine Suche nach der Quelle des *ahamkara* (des Egos). Das Selbst braucht keine Suche. Alles, was vonnöten ist, ist ein Entleeren der wolkenähnlichen Gedankenprozesse, die mit dem ›Ich‹-Gedanken beginnen. Die Sinne können nur durch das Licht wahrnehmen, das sie vom Selbst erhalten und das im Herzen wohnt. Das höchste *tapas*, das zeitweise als Buße gesehen wird, da es nur durch große Anstrengung aufrechterhalten werden kann, ist in Wahrheit die mühelose Rückkehr zum ewigen Feuer des *Atman* im Herzen.

»Das Auf-eins-gerichtet-sein ist das *tapas*, auf das es ankommt.«[1]

Das *tapas* der Weisen vom Daruka-Wald war darauf ausgerichtet, sich durch Rituale (*karma*) Macht anzueignen. Aber dies gibt lediglich dem Ego (*ahamkara*) neue Nahrung und frönt den chronischen Wünschen, die zum menschlichen Zustand führen. In **Upadesa Saram** enthüllt Sri Bhagavan, dass wahres *tapas* nichts weiter ist, als sein wahres Selbst wahrzunehmen. *Tapas* ist die ewige Flamme, die in der Höhle des Herzens von allen brennt. Wenn wir nur das Ego stillen können und uns ihm in *namaskara* (Hingabe) zuwenden, werden alle Neigungen (*vasanas*) auf einen Schlag verbrannt.

om namo bhagavate sri ramanaya

---

[1] aus Talk 401

F.: »Was bedeutet Niederwerfung (namaskara)?«

M.: »Niederwerfung bedeutet die Unterwerfung des Egos. Was ist mit Unterwerfung gemeint? Mit der Quelle seines Ursprungs zu verschmelzen. Gott kann nicht durch äußere Kniefälle, Verneigungen und Niederwerfungen getäuscht werden. Er sieht, ob die Individualität da ist oder nicht.«[1]

---

[1] Talk 363

Glossar

abhimana: Anhaftung, Einbildung, Stolz

advaita: Nicht-Zweiheit; einzigartig; eine philosophische Schule

Advaitin: Anhänger des *advaita*

aham: ich

ahamkara: der ›Ich‹-Schöpfer; das Ego-Selbst; Selbstbewusstsein; die Vorstellung der Individualität

ahamkari: das körperliche Wesen, *jiva*; das handelnde Ich

ajnani: der Unwissende, einer, der das Selbst nicht verwirklicht hat

amrta: selig; unsterblich

ananda: Seligkeit; Glück; eine der drei Eigenschaften des Selbst (*sat cit ananda* – Sein, Bewusstsein und Seligkeit)

apabhramsa: entstelltes Wort; korrupte Wortform

arupa: gestaltlos

Atma(n): Selbst; *Brahman*; das Absolute

Atmanishtha: Verweilen im Selbst

Atma vichara: Selbstergründung, Selbsterforschung

Atma vidya: Wissen vom Selbst

bandha hetu: Ursache der Bindung

bhakta: einer, der *bhakti* übt

bhakti: Hingabe; Liebe zu Gott

bheda: Unterschied, Unterscheidung

bhoga hetu: Ursache der Freude

brahmacharya: (traditionsgemäß) Ehelosigkeit; hier wird es in der Bedeutung von ›völliger Beschäftigung mit *Brahman*‹ benutzt

brahma nadi: In Yoga-Texten werden *nadis* als feine Nerven (Kanäle) beschrieben. *Brahma nadi*, auch *amrta nadi*, ist der innerste Kanal. Er ist Seligkeit und ist nichts anderes als das Selbst.

Brahman: das Höchste Sein; das Absolute; das Selbst

Darshana: der Anblick eines Heiligen, der Anblick Gottes

dhyana: Meditation

drsyavilayam: Leidenschaftslosigkeit für die sichtbare Welt; Auflösung der Welt

dvaita: Zweiheit; eine philosophische Schule

eka chintana: ein einziger Gedanke

idam: dieses (im Ggs. zum Ich), Objekt des Egos

Ishta Devata: die für die Verehrung oder Kontemplation ausgewählte Gottheit

jada: träge, reglos, empfindungslos

japa: Wiederholung eines *Mantras* oder heiligen Wortes mit dem Atem, wie etwa »om namo bhagavate sri ramanaya« (Ehre sei dem Herrn Ramana).

jiva: das verkörperte Selbst, alle Lebewesen

jnana: Erkenntnis, Weisheit

jnana marga: Pfad der Erkenntnis

jnani: einer, der das Selbst kennt; Weiser

karma: Handeln; Arbeit; Frucht der Arbeit

»Gib vielmehr das Empfinden auf, der Handelnde zu sein, dann geht das Handeln von selbst weiter oder fällt von dir ab. Wenn Handeln aufgrund des *prarabdha* dein Schicksal ist, wird es gewiss ausgeführt werden, ob du willst oder nicht. Wenn Handeln nicht deine Bestimmung ist, wird es auch nicht getan, selbst dann nicht, wenn du dich bewusst darum bemühst.« (aus Talk 41)

kartr/karta: der Handelnde

kevala kumbhaka: völliges Zurückhalten des Atems

kriya: Praxis

kriyayoga: spontanes Tun; Verweilen im Selbst während des täglichen Lebens

kumbhaka: Zurückhalten des Atems

Kundalini: die Yoga-Kraft; als Schlange durchzieht sie die Yoga-Zentren des Körpers; das Selbst

laya: Auflösung

Mahabharata: wörtl.: »Das große Epos«, ein monumentales Heldenepos der Hindus (5. Jh. v. Chr. - 2. Jh. n. Chr.), enthält u. a. auch die Bhagavadgita

manas: Geist (engl. mind), das ganze Gebilde von Intellekt, Gedanken, Gefühlen usf.

Mantra: heiliges Wort; heiliger Text; Beschwörung

marga: Weg

mukti: Befreiung, spirituelle Freiheit

nama: Name, Gottes Namen; die Trennung/Erschaffung der Welt durch das Individuum (das Namengebungs-Spiel)

namaskar(a): Niederwerfung vor Gott oder dem Guru; Hingabe des Egos

Narada: der Weise, der das *Naradabhaktisutrani* komponiert hat

Naradabhaktisutrani: Narada Bhakti Sutras; ein religiöser Text, den *Narada* komponierte

nididhyasana: nachhaltige, ununterbrochene Meditation

nirvikalpa: frei von Unterscheidungen

niyama: Naturgesetze

pakva: Fitness, Reife

pasyanti: wörtl.: das Strahlende, die erste Stufe der Sprache

prana: Lebenskraft, Atem, Energie

pranayama: Atemkontrolle

prarabdha (karma): das Schicksal in diesem Leben (als Folge früheren Handelns)

prayatna: Bemühen, Anstrengung

puja: zeremonielle Verehrung mit verschiedenen Instrumenten der Verehrung

puraka: Einatmung

purna: vollkommen, vollständig

Purva Karma: die Lehre der Purva Mimamsas (eine der philosophischen Schulen der *Vedanta*-Tradition). Ihre Mitglieder befolgen das Karma-Kanda der *Veden* und sind ausschließlich bestrebt, die rechte Handlung (vorw. rituelle Handlung) gemäß der Weltordnung (*dharma*) auszuführen.

purusha: Mensch; Gott

rechaka: Ausatmung

Rishi: Weiser

Sabdabrahman: *Brahman* als unmanifestiertes Wort; Om; das Selbst, das sich im Veda offenbart; *pasyanti*

Sabdapurvayoga: eine Methode, den Geist zu seinem Ursprung zurückzuverfolgen; Einheit mit dem, was ist, bevor die Worte entstehen; *Atma vichara*

sadhana: spirituelle Praxis

sahaja: natürlich; der natürliche Zustand

samadhi: Zustand von Bewusstheit; in Harmonie bringen; Trance

sara (saram): Quintessenz, Nektar

Shakti: Kraft, Potenzial

Shiva: ist der doppelgesichtige Gott, der sowohl den Aspekt der Auflösung und Zerstörung verkörpert, als auch als Segensreicher alles entstehen lässt. Er symbolisiert das absolute Sein und ist der Zerstörer der Unwissenheit und des Egos.

so'ham: *sah aham*: Ich bin ER (*Brahman*)

sphurana: die undefinierbare, aber spürbare Manifestation des Selbst, die zuweilen überall, aber letztendlich v. a. im Herzzentrum empfunden wird.

Sutra: Schnur; Aphorismus

suddha: rein

svabhava: der eigene Seinszustand; angeboren, natürlich

svarupa: die eigene Gestalt, Natur, Essenz

tapas: Entsagung

upadesa: spirituelle Unterweisung

Upadesa Sara(m): Quintessenz/Nektar der spirituellen Unterweisung

upadhi: Begrenzung, Anhängsel

Upanishaden: Geheimlehren, Basistexte des *Vedanta*. Die ältesten Upanishaden entstanden etwa 800-700 v. Chr.

upasana: nahe dabeibleiben; göttlicher Dienst, völlige Verehrung, Verehrung des Herrn in seiner achtfachen Gestalt (als Erde, Wasser, Feuer, Luft, Raum, Sonne, Mond und Lebewesen)

vasana: Gewohnheit, latente Neigungen, ›mindstuff‹

Vedanta: Ende und zugleich Erfüllung der *Veden*

Veden (Veda): Wissen, Offenbarung; älteste Schriften des Hinduismus, bestehend aus 4 kanonischen Schriften

vichara: Suche, Nachforschung, Erforschung, Ergründung

vidya: Wissen, Erkenntnis

vinasana: Vernichtung, Auflösung

viyoga: Trennung

yoga: Einheit (des *jiva* mit *Brahman*); Methode, Praxis

Literaturverzeichnis

Amrtabindupanishad, Ramana Maharshis Arunachala Pancharatna und Ramana Maharshis Essenz der Bhagavad Gita enthalten in: Wright, Miles: Eine Anleitung zur Selbstergründung (Atma Vichara) nach den Lehren Ramana Maharshis, Hamburg, 2026

Die Botschaft des Ramana Maharshi: Antworten von Shri Ramana Maharshi an seine Schüler, Freiburg i. Br., 2001

Mudaliar, A. Devaraja: Tagebuch der Gespräche mit Ramana Maharshi, 3. Aufl., Hamburg, 2026

Ramana Gita: Dialogues with Sri Ramana Maharshi, Bangalore, 1996

Ramana Maharshi: »Wer bin ich?«: Der Übungsweg der Selbstergründung, 2. Aufl., Norderstedt, 2011

Shankaranarayanan, S.: Bhagavan and Nayana, Tiruvannamalai, 1997

Venkataramiah, Munagala: Gespräche mit Ramana Maharshi, 3. Aufl., Hamburg, 2026